Stories in Spanish for Kids

Read Aloud and Bedtime Stories for Children

Bilingual Book 1

First published in Great Britain in 2022 by Midealuck Publishing Ltd.

The right of Christian J. Stahl to be identified as the Author of the work has been asserted by him in accordance with the Copyright.

All rights reserved.

No part of this publication may be reproduced, stored in a retrieval system, or transmitted, in any form or by any means without prior written permission of the publisher, nor be otherwise circulated in any form of binding or cover than that in which it is published and without similar condition being imposed on the subsequent purchaser. Midealuck Publishing Ltd. is responsible for the content and operation of this publication.

Any name and content in this book is fiction and not related to any real person or event.

Table of Contents

INTRODUCTION
PART 1
SPANISH SHORT STORIES FOR KIDS
AGE 4 – 8
LA ABEJITA
THE LITTLE BEE
L ZORRO Y SUS AMIGOS
THE FOX AND HIS FRIENDS
HUEVOS DE PASCUA
EASTER EGGS
LA RANA Y EL PEZ
THE FROG AND THE FISH
¿DÓNDE ESTÁ NUESTRO GATO?
WHERE IS OUR CAT?
LA ESCUELA COMIENZA PRONTO
SCHOOL STARTS SOON
EL MONSTRUO EN EL SÓTANO
THE MONSTER IN THE BASEMENT
EL CUMPLEAÑERO
THE BIRTHDAY CHILD
TRÁFICO Y NIÑOS
TRAFFIC AND KIDS
EL CIRCO
THE CIRCUS
PART 2
SPANISH SHORT STORIES FOR KIDS
AGE 8 – 11
EL LAGO CONTAMINADO
THE POLLUTED LAKE
COMIDA ENVENENADA
FOOD POISONING
LE ENCANTA AYUDAR
HE LOVES TO HELP
CONTROL DE BILLETE
TICKET CONTROL
NADANDO
SWIMMING

Introduction

Short stories for children offer excellent opportunities to improve reading and listening skills. Especially when the short stories are exciting, entertaining and educational at the same time, there is hardly a better learning and leisure activity for young children. The stories in this book are written specifically for children in these age groups, allowing children to improve their Spanish through play, reading and listening. The vocabulary of the stories is typical for the age and the themes are adapted to both Spanish and Anglo-Saxon culture. Each Spanish story is followed by an accurate English translation. The book is designed in such a way that the children can take something out of each story and learn, even childish humor can be found in each of the stories. All stories are suitable to be read aloud, the first 10 stories can also be used as bedtime stories.

Part 1
Spanish Short Stories for Kids Age 4 – 8

La Abejita

The Little Bee

Érase una vez una abejita, y su nombre era Dulce.

Dulce era una abeja rápida y ocupada. Como era primavera y estaban saliendo las flores la abejita estaba muy ocupada. Tuvo que volar de flor en flor y recoger el fino néctar.

Este néctar se convierte luego en una deliciosa miel. Un día, era una hermosa mañana de primavera, Caire zumbaba en el aire de nuevo. Disfrutó del hermoso clima y el aroma de las flores. Ella cantó: "... ¡todas las flores ya están aquí... !"

Entonces, de repente, cuando estaba a punto de volar hacia un hermoso, colorido y exuberante campo de flores, vio desde arriba a un niño pisoteando todas las flores. Incluso arrancó algunos y los arrojó al suelo y luego los pisoteó. En realidad, el niño corrió al campo y pisoteó todo en el suelo y destruyó las hermosas flores.

Cuando la abejita Dulce vio esto, se sintió herida. No podía creer lo que veía. ¡Las hermosas flores habían sido pisoteadas por todo el lugar!

Tenía que hacer algo inmediatamente. Voló directamente hacia el chico, luego zumbó alrededor de su cabeza.

El niño agitó las manos. "Vete, estúpido insecto", dijo malhumorado.

Pero la abejita Dulce ni se lo pensó, sino que voló directamente sobre la nariz del niño.

Ella lo miró directamente a los ojos. "¿Por qué estás pisoteando las hermosas flores?" Dulce le preguntó lo más fuerte que pudo.

"¿No sabes que estas pequeñas flores son muy importantes para la naturaleza y para nosotros las abejas? ¿Eres un niño tan estúpido?

El chico se sorprendió y puso los ojos en blanco. "¿Por qué importante? Esas son solo flores", dijo.

"¿No sabes de dónde viene la miel de las flores?", preguntó la abeja.

"Del supermercado, por supuesto", dijo el niño. Estaba bastante seguro de sí mismo.

Ahora la abeja Dulce tuvo que sonreír un poco.

"Ven, siéntate en el pasto y te explico", dijo.

El niño se sentó en el pasto y Dulce voló con un ligero balanceo sobre una flor sobrante que sobresalía del pasto pisoteado justo en frente del niño.

Dulce ahora le explicó al niño cómo las abejas chupan el néctar de las flores. También las abejas agregan sus propios jugos al néctar, y en casa las abejas ponen el néctar en panales. Allí se quedará un tiempo para madurar.

Entonces viene el granjero, saca el panal y tira la miel. Lo hace con una máquina. Y luego puede poner la miel en frascos, y solo después de eso se llevará a la tienda o al supermercado donde podrá comprarla.

El niño miró hacia abajo cuando Dulce terminó la historia. No se sentía particularmente bien.

"Entonces estas no son flores estúpidas en absoluto", murmuró.

"Estas definitivamente no son flores estúpidas", dijo la abeja. "Por el contrario, estas son flores útiles. Para la gente y para nosotros, las abejas. También comemos el néctar. Si no lo tuviéramos, nos moriríamos de hambre. Así que todas estas son flores muy buenas".

"Y ahora los he destruido", preguntó el chico en voz baja.

Por supuesto, la abejita Dulce ya había pensado en una idea, porque ella también era una abeja inteligente.

"Necesito que hagas algo. Siempre mantén los ojos abiertos y si ves a alguien pisoteando o rompiendo flores, acude a esa persona y cuéntale la historia de las abejas y la miel. Ahora sabes por qué las flores son importantes".

"¡Si yo hago eso!"

"¿Está seguro?"

"Sí, protegeré las flores".

"Bravo", aplaudió la abejita, y salió volando, voló alrededor de la cabeza del niño otra vez, y luego se fue. Porque la abejita Dulce también era una abeja muy ocupada.

El niño se quedó quieto allí por un rato y miró al cielo.

Luego saludó:

"Adiós, adiós, pequeña abeja inteligente".

The Little Bee

Once upon a time there was a little bee, and her name was Dulce.

Dulce was a fast and busy bee. Since it was spring and the flowers were coming out, the little bee was very busy. She had to fly from flower to flower and collect the fine nectar.

This nectar is later turned into delicious honey.

One day, it was a beautiful spring morning, Caire whizzed through the air again. She enjoyed the beautiful weather and the scent of the flowers. She sang:"...all the flowers are already here... !"

Then suddenly, as she was about to fly towards a beautiful, colorful and lush field of flowers, she saw from above a little boy trampling on all the flowers. He even uprooted some and threw them to the ground and then trampled on them. Actually, the boy ran into the field and trampled everything onto the ground and destroyed the beautiful flowers.

When the little bee Dulce saw this, she felt hurt. She couldn't believe what she saw. The beautiful flowers had been trampled all over the place!

She had to do something immediately. She flew straight to the boy, then buzzed around his head.

The boy waved his hands. "Go away you stupid insect", he said grumpily.

But little bee Dulce didn't even think about it, instead she landed directly on the boy's nose:

She looked him straight in the eyes. "Why are you trampling on the beautiful flowers?" Dulce asked him as loudly as she could.

"Don't you know that these little flowers are very important for the nature and for us bees? Are you such a stupid boy?

The boy was taken aback and rolled his eyes. "Why is it timportant? Those are just flowers", he said.

"Don't you know where the honey comes from", the bee asked.

"From the supermarket, of course," the boy said. He was quite sure of himself.

Now the bee Dulce had to smile a little.

"Come on, sit down on the grass and I'll explain", she said

The boy sat down on the grass and Dulce flew with a slight swing onto a leftover flower that was sticking out of the trampled grass right in front of the boy.

Dulce now explained to the boy how the bees suck the nectar out of the flowers. Also the bees add their own juices to the nectar, and at home the bees put the nectar in honeycombs. There it will stay for a while to mature

Then the farmer comes, takes out the honeycomb and pulls out the honey. He does that with a machine. And then he can put the honey in jars, and only after that it will be taken to the store or supermarket where you can buy it.

The boy looked down when Dulce finished the story. He didn't feel particularly well.

"Then these aren't stupid flowers at all," he murmured.

"These are definitely not stupid flowers," said the bee. "On the contrary, these are useful flowers. For the people and for us bees. We also eat the nectar. If we didn't have it, we would starve. So these are all very good flowers."

"And now I've destroyed them", the boy asked quietly.

Of course, the little bee Dulce had already thought about an idea, because she was also a clever bee.

"I need you to do something. Always keep your eyes open and if you see someone breaking or trampling on flowers, you go to this person, and tell the story about the bees and the honey. Now you know why flowers are important."

"Yes, I do that!"

"Are you sure?"

"Yes, I will protect the flowers."

"Bravo", clapped the little bee, and took off into the air, flew around the boy's head again, and then she was gone, because the little bee Dulce was also a very busy bee.
The little boy stood still stood there for a while and looked at the sky. Then he waved:
"Bye, bye you little clever bee."

El Zorro y sus Amigos

The Fox and his Friends

Érase una vez un pequeño zorro que vivía con su familia en medio de un gran bosque. Por supuesto, muchos otros animales también vivían allí. Había erizos, jabalíes, búhos, ciervos, escarabajos y otros animales. Detrás del bosque había un prado con vacas. Pepe el zorrito tenía muchos amigos. No solo jugaba con sus hermanos, sino que también era amigo del erizo Antonio y de la jabalí Mimí.

El verano era su estación favorita. Era agradable, había suficiente para comer y podía nadar en el pequeño estanque frente al prado. Pepe lo disfrutó mucho. A veces, cuando podía reunir todo su coraje, corría rápidamente entre las vacas. Un poco más atrás del prado vive una amiga suya,

Elsa, la gallina. Pero desafortunadamente, a Elsa nunca se le permite salir a jugar. Vive detrás de una valla alta y Pepe siempre le cuenta las mejores historias.

En invierno también es agradable en el bosque. Los amigos pueden buscar huellas y esconderse en la nieve. Y si la helada es muy fuerte, patinarían en el estanque helado. Esto siempre se ve muy divertido porque Pepe puede hacer muchos trucos en el hielo. Por supuesto, también va a visitar a su novia Elsa en invierno. En invierno no tiene que correr por el prado, porque las vacas están todas en el establo porque hace demasiado frío para ellas afuera.

En uno de esos días de invierno, Pepe estaba sentado en un gran tocón de árbol cubierto de nieve con su hermano Loui y su hermana Lola. Dibujaron cosas en la nieve y Lola construyó un muñeco de nieve. De repente, Pepe levantó la vista. "¿Puedes oír eso?"

Ahora sus hermanos también se dieron cuenta de ese sonido. Pepe giró la cabeza para apuntar la oreja en la dirección correcta. Allí - de nuevo. Louis se encogió de hombros, pero Lola preguntó: "¿Es Elsa?"

De repente, se escuchó un cacareo fuerte y emocionado. Los tres corrieron. El pequeño zorro nunca había corrido tan rápido por el prado en toda su vida. Corrió y corrió. Sin aliento, se detuvo frente a la alta valla. Detrás de ellos, Elsa batía sus alas salvajemente. Ella se rió en voz alta y caminó de un lado a otro como si tuviera miedo de algo. Y entonces lo vieron. En realidad, un extraño zorro estaba manipulando la cerca.

"Oye tú", gritó Pepe. "Será mejor que te vayas de aquí y dejes en paz a mi novia".

"Fuera de aquí", gritó Lola. Junto a sus hermanos y con todo su coraje, el pequeño zorro salvó la vida de la gallina. Ese fue el comienzo de una verdadera amistad.

The Fox and his Friends

Once upon a time there was a little fox who lived with his family in the middle of a big forest. Of course, many other animals also lived there. There were hedgehogs, wild boars, owls, deer, beetles and other animals. Behind the forest was a meadow with cows. Pepe the little fox had many friends. He not only played with his siblings, but was also friends with Antonio the hedgehog and Mimi the wild boar.

Summer was his favorite season. It was nice, there was enough to eat and he could swim in the little pond in front of the meadow. Pepe really enjoyed it. Sometimes, when he could gather all his courage, he would run quickly between the cows. A bit behind the meadow lives a friend of his -

Elsa the chicken. But unfortunately, Elsa is never allowed to come out to play. She lived behind a high fence and Pepe always tells her the best stories.

In winter it is also nice in the forest. The friends can search for tracks and hide in the snow. And if the frost is really strong they'd skate on the frozen pond. This always looks very funny because Pepe can perform many tricks on the ice. Of course he also goes to visit his girlfriend Elsa in winter. In winter he doesn't have to run across the meadow, the cows are all in the barn because it's much too cold for them outside.

On one such winter day, Pepe was sitting on a big snow-covered tree stump with his brother Loui and sister Lola. They drew things in the snow and Lola built a snowman. Suddenly Pepe looked up. "Can you hear that?"

Now his siblings also became aware of that sound. Pepe turned his head to point his ear in the right direction. There – again! Louis shrugged, but Lola asked: "Is that Elsa?"

Suddenly, a loud and excited cackle was heard.
All three ran. The little fox had never run across the meadow so fast in his entire life. He ran and ran. Breathless, he stopped in front of the high fence. Behind them, Elsa flapped her wings wildly. She cackled loudly and paced back and forth like she was afraid of something. And then they saw it. A strange fox was actually tampering with the fence.

"Hey you," Pepe shouted. "You better get out of here and leave my girlfriend alone."

"Get out of here," Lola shouted. *Together with his siblings and with all his courage, the little fox saved the chicken's life. That was the beginning of a true friendship.*

Huevos de Pascua

Easter Eggs

La maestra de la clase de Rosa ha escondido muchos huevos afuera para el segundo grado. Quien encuentre la mayor cantidad de huevos recibe una sorpresa especial de Pascua, dijo Señor Gómez.

Rosa está emocionada. Ella está buscando los huevos con sus amigos Antoni, Santiago y Luisa. Pero desafortunadamente, no han encontrado más de dos hasta ahora.

"¡Nosotros no ganamos así!" Rosa se está enfadando y señala a los demás compañeros. Algunos ya tienen cuatro o más huevos en sus canastas.

"No importa", dice Santiago con buen humor. "Los huevos en realidad no tienen nada en común con la Pascua".

"Lo sé. Pero todavía quiero ganar".

Rosa mantiene la mirada en el suelo, considerando las palabras de Santiago. El tiene razón. En Semana Santa celebran la resurrección de Jesucristo, quien murió por sus pecados. De repente, Rosa tiene una idea.

Ella dice: "En Semana Santa, uno no debe mirar hacia el suelo, sino hacia el cielo".

Santiago empieza a hablar de las tradiciones de Semana Santa, pero Rosa no escucha. "Eso es todo", dice ella. "¡Los huevos podrían estar escondidos en el árbol!"

Ella mira hacia arriba y en realidad ve algo colorido parpadeando en las ramas a solo unos metros del suelo.

Un minuto después ya se ha subido a la rama con una cesta en la mano. ¡Encuentra cinco huevos de colores! Así que definitivamente ha ganado el juego de búsqueda.

Sus compañeros de clase la miran atónitos. El Señor Gómez sonríe.

"¡Hola a todos!" Rosa grita. "Deberías mirar hacia arriba en lugar de mirar hacia abajo. ¡Especialmente en Semana Santa!

Easter Eggs

Rosa's class teacher has hidden a lot of eggs outside for the second grade. Whoever finds the most eggs gets a special Easter surprise, Mister Gomez said.

Rosa is excited. She is searching for the eggs with her friends Antoni, Santiago and Luisa. But unfortunately, they haven't found more than two so far.

"We don't win like that!" Rosa is getting annoyed and points to the other classmates. Some already have four or more eggs in their baskets.

"It doesn't matter," says Santiago good-naturedly. "Eggs actually have nothing in common with Easter."
"I know. But I still want to win."

Rosa keeps her eyes on the floor, considering Santiago's words. He's right. At Easter they celebrate the resurrection of Jesus Christ, who died for their sins. Suddenly Rosa has an idea.

She says: "At Easter, one should not look down to the ground, but up to the sky."

Santiago starts talking about Easter traditions, but Rosa doesn't listen. "That's it", she says. "The eggs might be hidden all up there in the tree!"

She looks up and actually sees something colorful flashing on the branches just a few meters above the ground.

A minute later she's already climbed up to the branch with a basket in her hand. She finds five colorful eggs! So she definitely has won the search game.

Her classmates look at her in astonishment.

Mister Gomez smiles.

"Hey all of you!" Rosa shouts. "You should look up instead of looking down. Especially at Easter!"

La Rana y el Pez

The Frog and the Fish

Érase una vez una pequeña rana.

Quería atrapar un pez Se zambulló y nadó detrás de un pez, pero desafortunadamente, la ranita nunca pudo atrapar uno.

En algún momento, la ranita se cansó y ya no quiso perseguir al pez rápido. Así que la ranita eligió un nuevo juego. Cuando había muchas hojas de nenúfares flotando en el estanque, se le ocurrió la idea de saltar de hoja en hoja, quería saltar de una hoja de nenúfar a la otra.

Pero eso no fue tan fácil para una ranita sin experiencia. Y tomó coraje y fuerza.

Entonces, la ranita primero practicó con esas hojas muy juntas y cerca del borde del estanque. Porque así estaba seguro de que podía saltar sobre uno y no caer al agua. Así saltaba alegremente de hoja en hoja, silbaba y se divertía. Las hojas estaban todas juntas y fue fácil.

Sin embargo, esto pronto se volvió demasiado aburrido y demasiado fácil para la ranita, por lo que eligió una hoja que nadaba a bastante distancia de otra hoja. Tenía muchas ganas de saltar sobre esta hoja de lirio. Estaba muy emocionado y se dijo a sí mismo: "Sí, puedo hacer eso".

La pequeña rana corrió mucho y dio un gran salto. Luego hubo un chapoteo, y la pequeña rana cayó boca abajo en el agua justo antes de llegar a la hoja. La pequeña rana estaba luchando. Un gran trago de agua bajó por su garganta, por lo que tuvo que toser fuertemente y apenas podía nadar. Tan rápido como pudo, remó hasta el borde del estanque.

Su madre ya lo estaba esperando allí. Ella lo había mirado con ojos sonrientes: "Vamos pequeño", le dijo cariñosamente y lo tomó en sus brazos para consolarlo. "La próxima vez debes tener más cuidado, y tienes que practicar más, entonces funcionará".

La ranita escuchó a su madre. Todos los días practicaba saltando sobre las hojas de los nenúfares. Pero siempre a pequeños pasos, hasta que un día pudo saltar sobre todas las hojas con un salto muy grande, como hacen las ranas grandes. Eventualmente, la pequeña rana incluso alcanzó a un pez.

The Frog and the Fish

Once upon a time there was a little frog.

He wanted to catch a fish He dived, and swam after a fish, but unfortunately, the little frog could never catch one.

At some point the little frog got tired and didn't want to chase after the fast fish anymore. So the little frog chose a new game. When there were lots of water lily leaf floating on the pond, he got the idea of hopping from leave to leave, he wanted to jump from one lily leaf to the other.

But that was not so easy for a little frog with no experience. And it took courage and strength.

So the little frog first practiced with those leaves lying very close together and near to the pond's edge. Because that way he was sure that he could jump on one and not fall into the water. So he jumped happily from one leaf to the next, he whistled and had fun. The leaves were all close and it was easy.

However, this soon became too boring and too easy for the little frog, and so he chose a leaf that was swimming quite a distance from another leaf. He really wanted to jump onto this lily leaf. He was very excited and said to himself: "Yes, I can do that."

The little frog took a lot of running and made a really big jump.

Then there was a splash, and the little frog fell face down into the water just before he had reached the leaf. The little frog was struggling. A large gulp of water went down his throat, so that he had to cough heavily and could hardly *swim. As fast as he could he paddled to the edge of the pond.*

His mother was already waiting for him there. She had watched him with a smiling eye: "Come on little one," she said to him lovingly and took him in her arms to comfort him.

"Next time you must be more careful, and you have to practice more, then it will work out."

The little frog listened to his mother. Every day he practiced hopping on water lily leaves. But always in small steps, until one day he could jump on all the leaves with a very big leap, just like the big frogs do. Eventually the little frog even caught up with a fish.

¿Dónde Está Nuestro Gato?

Where is Our Cat?

Una mañana encontramos un pájaro muerto tirado frente a nuestra puerta. Parecía que alguien lo había puesto allí.

Le dije a mi madre: "Creo que nuestro gato Mika hizo esto".

Mi madre respondió: "Así es la naturaleza, no debemos interferir".

no estuve de acuerdo "Eso es peligroso."

"¿Por qué?"

"El pájaro muerto lleva bacterias. Mika traerá las bacterias a casa".

"Tienes razón", dijo mi madre preocupada.

Mi madre tuvo que tomar una decisión.

Llevó al gato a la casa.

Después de eso nunca volví a ver a Mika.

Where Is Our Cat?

One morning we found a dead bird lying in front of our door. It looked like someone placed it there.

I told my mother: "I think our cat Mika did this."

My mother answered: "That's nature, we must not interfere."

I disagreed. "That's dangerous."

"Why?"

"The dead bird carries bacteria. Mika will bring the bacteria into the house."

"You are right", said my mother concerned.

My mother had to make a decision.

She took the cat into the house.

After that I never saw Mika again.

45

La Escuela Comienza Pronto
School Starts Soon

¡Si practicas algo bien, entonces funciona!"
El abuelo siempre decía eso cuando algo no funcionaba de inmediato. Y tenía razón en eso. El niño ya había podido aprender mucho. No de inmediato, sino después de una dura práctica. Como caminar hacia atrás, nadar, andar en bicicleta, pescar y tocar la guitarra, todas cosas muy importantes que requerían mucha práctica.
"¡La práctica hace la perfección!" solía decir el abuelo cuando el niño venía a visitarlo.

Pero pronto habría muchas cosas nuevas que aprender, porque después de las vacaciones de verano el niño iría a la escuela por primera vez.

El niño estaba un poco preocupado. ¿Quiénes son los maestros? ¿Y había alguien que supiera más que el abuelo? El niño realmente no podía creerlo. Nadie en el mundo era más inteligente que él. Podrías aprender cualquier cosa de él.

Y debido a que esto era un hecho, el niño en realidad tenía pocas ganas de ir a la escuela. También tenía miedo del primer día en la escuela y de todos los extraños que el niño encontraría allí. Le gustaría quedarse con su abuelo en el pueblo para siempre y aprender todo lo que él le enseñó. Con él, no necesitaba tener miedo.

"¡Solo quiero aprender de ti!" dijo el niño al abuelo. "Eres el mejor maestro. No necesito a los demás".

El abuelo no respondió de inmediato. Miró al niño durante mucho tiempo.

"Así que tú también tienes miedo", dijo finalmente.

¿Por qué, el abuelo también estaba asustado? No, un abuelo no le tenía miedo a nada ni a nadie.

"Nunca tienes miedo", dijo el niño. "Y tampoco tienes que ir a la escuela".

"Porque lo aprendí", respondió el abuelo.

"¿Qué?"

"Lo de la escuela y el miedo".

"¿Puedo aprender a no tener miedo?" El niño estaba asombrado. "¿Realmente puedo hacer eso?"

El abuelo asintió. "Puedes aprender todo lo que quieras aprender. Y vamos a practicar eso con el miedo."

Y eso es lo que hicieron hasta el final de las vacaciones. Practicaron no tener miedo y esperar con ansias la escuela y los maestros y los muchos nuevos compañeros de clase.

School Starts Soon

If you practice something really well, then it works!" Grandfather always said that when something didn't work out right away. And he was right about that. The child had already been able to learn a lot. Not right away, but after hard practice. Like walking backwards, swimming, riding a bike, fishing, and playing the guitar, all very important things that required a lot of practice.

"Practice makes perfect!" the grandfather often said when the child came to visit him.

But soon there would be many new things to learn, because after the summer holidays the child would go to school for the first time.

The child was a little worried. Who are the teachers? And was there anyone who knew more than grandfather? The child could not really believe it. No one in the world was smarter than him. You could learn anything from him. And because this was a fact, the child actually had little desire to go to school. He was also afraid of the first day in school and all the strangers he would meet there. He would like to stay with his grandfather in the village forever and learn everything he taught him. With him, he didn't need to be afraid.

"I only want to learn from you!" said the child to the grandfather. "You are the best teacher. I don't need the others."

Grandfather didn't answer right away. He looked at the child for a long time.

"So you're scared too," he finally said.

Why, was Grandfather also scared? No, a grandfather wasn't afraid of nothing and nobody.

"You're never afraid," said the child. "And you don't have to go to school either."

"Because I learned it," answered the grandfather.

"What?"

"The thing about school and the fear."

"Can I learn not to be afraid?" The child was amazed. "Can I really do that?"

The grandfather nodded. "You can learn anything you want to learn. And we will practice that with the fear."

And that's what they did until the end of the holidays. They practiced not being afraid and looking forward to school and the teachers and the many new classmates.

El Monstruo en el Sótano

The Monster in the Basement

"Antonio, ¿quieres ir al sótano y traer papas?" preguntó la abuela. "¡Te haré tu plato favorito, tortila!" ella prometió.

A Antonio no le gustaba la bodega de la abuela. Esa pequeña ventana apenas iluminaba la habitación, incluso cuando el sol brillaba afuera. Lo encontró muy espeluznante. Tomó la canasta, bajó las escaleras y se detuvo justo afuera de la puerta.

Cuando la abrió con cautela, esa puerta chirrió más fuerte y más inquietante que nunca. Antes de dar un paso hacia la habitación oscura, metió la mano y buscó el interruptor de la luz en la pared de la derecha. La luz se encendió, iluminando sólo el centro de la habitación, pero todos los rincones del gran sótano permanecieron ocultos en la oscuridad. Rápidamente caminó y agarró las papas almacenadas.

De repente, la puerta se cerró de golpe detrás de él. Se sobresaltó y contuvo la respiración.

Escuchó un ruido, venía del rincón más oscuro detrás de él.

Se dio la vuelta con cuidado. Pares luminosos de ojos lo miraron y lentamente se movieron hacia él.

Dejó todo, corrió hacia la puerta, la abrió de un tirón, la cerró rápidamente detrás de él y subió corriendo las escaleras gritando: "¡Abuelita!" gritó sin aliento, con el corazón latiéndole en la garganta.

"Abajo... En el sótano... ¡Un monstruo!"

La abuela bajó, Antonio la siguió desde una distancia segura.

Ella abrió la puerta.

"Antonio, ven a mí, descubrí tu monstruo", se rió con todo su corazón.

Un animal, negro como la noche, rozó las piernas de la abuela.

Era Marle el gato. Y la puerta que se cerró de golpe detrás de Antonio fue causada por una corriente de aire, lo que a veces sucede cuando hay varias ventanas abiertas y el viento sopla desde afuera.

The Monster in the Basement

"Antonio, will you go into the basement and bring up potatoes?" asked the grandmother. "I'll make your favorite dish, tortila!" she promised.

Antonio didn't like grandma's cellar. That little window there barely lit up the room, even when the sun was shining outside. He found it very creepy. He took the basket, went down the stairs and stopped just outside the door.

As he cautiously opened it, that door squeaked louder and more eerily than ever. Before taking a step into the dark room, he dipped his hand in and felt for the light switch on the wall to the right. The light went on, illuminating only the center of the room, but all corners of the great basement remained hidden in darkness. He quickly walked through and grabbed the stored potatoes.

Suddenly the door slammed behind him. He started and held his breath.

He heard a noise, it came from the darkest corner behind him.

He turned around carefully. Luminous pairs of eyes looked at him and slowly moved towards him.

He dropped everything, ran to the door, yanked it open, quickly shut it behind him and ran up the stairs screaming:

"Granny!" *he called out breathlessly, his heart pounding in his throat.*

"Downstairs... In the basement... A monster!"

Grandma went down, Antonio followed her from a safe distance.

She opened the door.

"Antonio, come to me, I discovered your monster", she laughed with all her heart.

An animal, black as night, brushed against Grandma's legs. It was Marle the cat. And, the door that slammed behind Antonio was caused by a draft, which sometimes happens when multiple windows are open and the wind blows in from outside.

El Cumpleañero
The Birthday Child

El sol brillaba y el clima era realmente encantador. No podría haber un mejor día para una pequeña fiesta de cumpleaños. Pero el pequeño cumpleañero sigue durmiendo plácidamente en su cama.

El sol se filtraba a través de la cortina corrida. Le hizo cosquillas en la nariz al pequeño Paul y tuvo que estornudar. Solo cinco minutos después, Paul estaba sentado en su cama. Sabía muy bien que hoy era un día especial. Emocionado tiró la manta a un lado y corrió hacia la cocina, donde su madre ya lo estaba esperando. Pero, ¿qué estaba pasando aquí? ¿Dónde estaban todos los regalos bonitos? Ni siquiera había un pastel en la mesa. ¿Realmente la madre de Paul lo había olvidado? El pequeño Paul no entendía eso, su madre nunca lo había olvidado. Todos las cumpleaños tenía un gran pastel de cumpleaños en la mesa y sus regalos al lado. Estaba un poco triste, pero se sentó en la mesa de la cocina sin decir una palabra. Tal vez se equivocó y hoy ni siquiera era 4 de julio.

Cuando su madre aún no se volvió hacia él después de otros 10 minutos y al menos lo felicitó, Paul se levantó y tiró de la manga de su madre. Ella se sobresaltó y se dio la vuelta abruptamente. Su otra manga quedó atrapada en la máquina de pan y su camisa se rasgó en dos. La madre de Paul estaba molesta, pero esa no era su intención. Él sólo quería ser notado.

Decepcionado, Paul fue a la escuela sin desayuno ni regalos. Llegó a la escuela lleno de esperanza. Tal vez al menos sus amigos no se habían olvidado de su cumpleaños. Pero sus esperanzas fueron en vano. Nadie se acercó a él y lo felicitó. Paul estaba empezando a dudar de sí mismo. Después de un día terrible en la escuela, Paul volvió a casa. Tampoco tenía ganas de celebrar más su cumpleaños, y todos lo habían olvidado.

Cuando abrió la puerta principal y quiso entrar, de repente mucha gente gritó "sorpresa". Paul ni siquiera supo lo que le pasó hasta que vio los ninos. Así que su madre y sus amigos no lo habían olvidado después de todo, y él tampoco estaba equivocado. Así que hoy era de hecho su cumpleaños. No se les permitió decir nada porque su madre había organizado una fiesta sorpresa. Ahora entendía todo.

Fue una gran fiesta y recibió muchos regalos. También sopló las velas de su hermoso pastel de cumpleaños y deseó no tener que pasar nunca más por algo así. Al final, su madre incluso le organizó un cumpleaños de payaso. Paul estaba en la luna, simplemente disfrutando de la tarde con sus amigos y familiares. Y cuando todos se hubieron ido, le preguntó a su madre por qué le había ocultado todo. Su madre se rió y respondió que solo quería darle una sorpresa y que finalmente lo logró. Satisfecho y con una sonrisa en su rostro, Paul se fue a su cama y rápidamente se durmió.

The Birthday Child

The sun was shining and the weather was really lovely. There couldn't be a better day for a small birthday party. But the little birthday boy is still sleeping peacefully in his bed.

The sun squinted through the drawn curtain. It tickled little Paul's nose and he had to sneeze. Just five minutes later, Paul was sitting up in his bed. He knew very well that today was a special day. Excitedly he threw the blanket aside and ran down to the kitchen, where his mother was already waiting for him. But what was going on here? Where were all the nice presents? There wasn't even a cake on the table. Had Paul's mother really forgotten him? Little Paul didn't understand that his mother had never forgotten him.

Every birthday he had a big cake on the table and his presents next to it. He was a little sad, but sat down at the kitchen table without saying a word. Maybe he was wrong and today wasn't even the 4th of July.

When his mother still didn't turn around to him after another 10 minutes and at least congratulated him, Paul got up and tugged at his mother's sleeve. She was startled and turned around abruptly. Her other sleeve got caught in the bread machine and her shirt tore in two. Paul's mother was upset, but that wasn't his intention. He just wanted to be noticed.

Disappointed, Paul went to school with no breakfast and no gifts. He arrived at school full of hope. Maybe at least his friends hadn't forgotten his birthday. But his hopes were in vain. Nobody came up to him and congratulated him. Paul was beginning to doubt himself. After a terrible day at school Paul went home again. He also didn't feel like celebrating his birthday anymore, and everyone had forgotten about it.

When he opened the front door and wanted to enter, suddenly a lot of people yelled "surprise". Paul didn't even know what happened to him until he saw the children. So his mother and friends hadn't forgotten him after all, and he wasn't wrong either. So today was indeed his birthday. They weren't allowed to say anything because his mother had thrown a surprise party. Now he understood everything.

It was a great party, and he received many presents. He also blew out the candles on his beautiful birthday cake and wished he never had to go through anything like that again. In the end, his mother even organized a birthday clown for him. Paul was over the moon, just enjoying the afternoon with his friends and family. And when everyone had left, he asked his mother why she had kept everything a secret from him. His mother laughed and replied that she just wanted to give him a surprise and that it finally succeeded. Satisfied and with a smile on his face, Paul went to his bed and promptly fell asleep.

Tráfico y Niños
Traffic and Kids

Nuestro hijo ya tiene seis años. Es hora de que aprenda algunas de las reglas de tránsito ya que le encanta andar en bicicleta por el vecindario. Le decimos que si cruza una calle debe mirar primero a su derecha. Luego debe revisar su lado izquierdo, y solo cuando no vienen autos se le permite cruzar la calle. Especialmente cuando ve una señal de alto o un semáforo, debe tener mucho cuidado. Si ve un semáforo en rojo para peatones, debe detenerse y esperar hasta que se ponga en verde. Algunas áreas incluso tienen algunos carriles para bicicletas, lo cual es algo nuevo para nosotros, pero incluso con esos carriles, ¡los niños deben tener cuidado al usarlos y nunca acelerar!

Traffic and Kids

Our son is already six years old. It's time that he learns some of the traffic rules since he loves riding his bicycle through the neighborhood. We tell him, if he crosses a street he must look to his right side first. Then he must check his left side, and only when no cars are coming is he allowed to cross the street. Especially when he sees a stop sign or a traffic light he must be very careful. If he sees a red light for pedestrians, he must stop and wait until it turns green. Some areas even have a few bicycle lanes which is kind of new to us, but even with those lanes, kids must be careful to use them and never speed!

El Circo

The Circus

Hoy fui con mi madre al circo. El espectáculo empezaba a las seis, pero llegamos temprano porque sabíamos que habría una larga cola en la taquilla. Mi madre preguntó por qué los boletos son tan caros. El vendedor explicó que tienen animales grandes como tigres y necesitan comer cantidades enormes de carne todos los días.

Finalmente, comienza el espectáculo. Primero vemos a un payaso que hace bromas gesticulando con las manos. Luego se instala una enorme jaula y llegan los animales. Vemos un elefante que levanta una pata, un mono que está vestido con un disfraz escolar femenino, y luego vemos a los grandes felinos metidos en la jaula. Un tigre tiene que saltar a través de un anillo en llamas y un león tiene que saltar de taburete en taburete. Le pregunto a mi madre si los animales también están haciendo esas cosas en la naturaleza. Mi madre responde que no sabe.

The Circus

Today I went with my mother to the circus. The show started at six, but we arrived early because we knew there would be a long line at the ticket box. My mother asked why the tickets are so expensive. The salesperson explained that they have big animals such as tigers and they need to eat enormous amounts of meat every day.

Finally, the show starts. First we see a clown who makes jokes by gesturing with his hands. Then a huge cage is set up and the animals arrive. We see an elephant that raises a leg, a monkey that is dressed in a girly school costume, and then we see the big cats led into the cage. A tiger has to jump through a burning ring, and a lion has to jump from stool to stool. I ask my mother if the animals are also doing such things in nature. My mother responds that she doesn't know.

Part 2

Spanish Short Stories for Kids

Age 8 – 11

El Lago Contaminado

The Polluted Lake

Marie y Luke se fueron de excursión al lago con sus padres, pero cuando llegaron, estaban muy asustados porque todo el lago estaba lleno de basura. Las bolsas de plástico flotaban por todas partes y el agua era de color marrón. Además, el agua olía mal..

Marie dijo: "Entonces no será natación hoy. Sin embargo, vamos a hacer un picnic".

Después de la comida los niños jugaron en la orilla. Descubrieron que había una cantidad particularmente grande de basura en un lado del lago. Curiosos, Marie y Luke rodearon el cuerpo de agua y encontraron un pequeño arroyo al otro lado que desembocaba en el lago.

El agua del arroyo se veía aún peor que la del lago, con bolsas, empaques y otra basura flotando en el agua por todas partes.

"¿De dónde viene toda esta basura?" preguntó Lucas.

"Podríamos seguir el arroyo y ver si podemos encontrar una pista", sugirió Marie.

Caminaron a lo largo del arroyo. Cuanto más avanzaban, más espesa se volvía la alfombra de basura sobre el agua. La cantidad de basura casi hizo llorar a Luke. Él dijo: "¡No podemos simplemente dejar la basura en el agua!"

Marie objetó: "¡Es demasiado pescarlo todo!".

"¡Todavía tenemos que intentarlo!" Luke contradijo indignado. Encontró un palo largo y comenzó a pescar bolsas de plástico y otros desechos del agua. Después de un rato, Marie también recogió un palo del suelo y lo

ayudó. Sin embargo, Luke pronto se dio cuenta de que su arduo trabajo hacía poca diferencia.

Al ver su decepción, Marie dijo: "Vamos, avancemos un poco más. Si podemos averiguar cómo llega la basura al arroyo, tal vez ".

Los niños continuaron. Un gran edificio gris apareció de repente detrás de un grupo de árboles, con una tubería gruesa que sobresalía de la pared.

Luke lo señaló y le susurró a Marie: "¡Mira, ahí es donde sale toda la basura!".

María asintió. Los dos niños recorrieron el edificio y encontraron una puerta. En el interior encontraron un gran salón con cintas transportadoras. Pequeños demonios se pararon en cada cinta transportadora y rompieron la basura que se transportaba al río.

"¡Tienes que detener esto inmediatamente!" Marie ordenó en voz alta.

Los demonios se sobresaltaron al ver a los niños, pero siguieron tirando la basura en las cintas transportadoras. Afortunadamente, Luke tuvo una idea.

"A los demonios no les gustan las cosas bonitas", dijo.

"Vamos a cantar una hermosa canción sobre el sol y las flores".

Tan pronto como comenzaron a cantar, los diablitos se taparon los oídos con las manos y gritaron: "¡Basta! ¡Detenerse!"

"No nos detendremos hasta que dejen de contaminar el agua", dijo Marie.

"Está bien, está bien", murmuraron los pequeños demonios.

"Y también tienes que recoger la basura del arroyo y del lago de nuevo", exigió Luke.

"¡Nunca!" gritaron los diablos. Pero después de que Marie y Luke cantaran otra hermosa canción durante unos minutos, los diablitos cedieron y prometieron limpiarlo todo. Satisfechos, los niños regresaron con sus padres, y cuando regresaron al lago una semana después, en realidad estaba limpio.

"Ahora tenemos que asegurarnos de que el agua se mantenga así", se dijeron. "Porque si tiramos basura nosotros mismos, es tan malo como si lo hicieran los demonios".

The Polluted Lake

Marie and Luke went on a trip to the lake with their parents, but when they got there, they were very scared because the whole lake was full of rubbish. Plastic bags were floating everywhere and the water was brown in color. Above all, the water smelled badly.

Marie said: "Then it won't be swimming today. We're going to have a picnic though."

After the meal the children played on the bank. They found that there was a particularly large amount of garbage on one side of the lake. Being curious, Marie and Luke circled the water and found a small stream on the other side that emptied into the lake. The water in the creek looked even worse than that in the lake, with bags, packaging and other rubbish floating in the water everywhere.

"Where does all this junk come from?" Luke asked.

"We could follow the creek and see if we can ," Marie suggested.

They walked along the creek. The further they went, the thicker the carpet of garbage on the water became. The amount of garbage almost made Luke cry. He said: "We can't just leave the rubbish in the water!"

Marie objected, "It's way too much to fish it all out!"

"We still have to try!" Luke contradicted indignantly. He found a long stick and began fishing plastic bags and other debris out of the water. After a while, Marie also picked up a stick from the ground and helped him. However, Luke soon realized that their hard work made little difference.

Seeing his disappointment, Marie said: "Come on, let's go a little further. If we can figure out how the garbage gets into the creek, maybe we can make a bigger difference."

The children went on. A large gray building suddenly appeared behind a clump of trees, with a thick pipe sticking out of the wall.

Luke pointed to it and whispered to Marie, "Look, that's where all the junk is coming out!"

Marie nodded. The two children sorted around the building and found a door. Inside they found a huge hall with conveyor belts. Little devils stood on each conveyor belt and tore up garbage that was transported outside into the river.

"You have to stop this immediately!" Marie commanded loudly.

The devils were startled when they saw the children, but they kept throwing the trash onto the conveyor belts. Thankfully, Luke had an idea.

"Devils don't like pretty things," he said. "Let's sing a beautiful song about the sunshine and the flowers."

As soon as they started singing, the little devils clapped their hands over their ears and wailed: "Stop it! Stop!"

"We won't stop until you stop polluting the water," Marie said.

"Okay, okay," the little devils murmured.

"And you also have to collect the garbage from the creek and the lake again," Luke demanded.

"Never!" cried the devils. But after Marie and Luke sang another beautiful song for a few minutes, the little devils gave in and promised to clean everything up. Satisfied, the

children returned to their parents - and when they came back to the lake a week later, it was actually clean. "Now we have to make sure the water stays that way," they told themselves. "Because if we throw garbage in it ourselves, it's just as bad as if the devils do it."

Comida Envenenada

Food Poisoning

Mi hermano Marco se siente fatal; ha estado en la cama desde ayer. Tiene náuseas, dolor de cabeza, tos y diarrea. También se siente extremadamente agotado y cansado. Mi padre lleva a mi hermano al médico. Le explica las condiciones al médico y el médico examina a Marco.

El médico descubre que Marco tiene una intoxicación alimentaria. ¡Es una situación peligrosa, porque Marco ya está deshidratado! El médico también prescribe que Marco permanezca en cama y tome medicamentos fuertes dos veces al día. Mi hermano cree que su intoxicación alimentaria proviene de un kebab que había comido el día anterior cuando se detuvo en el centro.

Food Poisoning

My brother Marco feels terrible; he's been in bed since yesterday. He has nausea, a headache, coughing and diarrhea. He also feels extremely exhausted and tired. My father drives my brother to the doctor. He explains the conditions to the doctor and the doctor examines Marco.

The doctor finds out that Marco has food poisoning. It's a dangerous situation, because Marco is already dehydrated! The doctor also prescribes that Marco stay in bed and take strong medication twice a day. My brother believes his food poisoning comes from a kebab he had eaten the day before when he stopped downtown.

Le Encanta Ayudar
He Loves to Help

Santiago tiene nueve años. De lunes a viernes, va a la escuela, y alrededor de la una toma el autobús a casa. Por lo general, el autobús está lleno de otros estudiantes. A veces, los ancianos también toman el autobús, ya que muchos de ellos son demasiado mayores para conducir un automóvil. Santiago es un joven amable y compasivo. Si ve a una persona mayor viajando en el autobús, le ofrece su asiento, porque para las personas mayores puede ser muy difícil estar de pie en un autobús en movimiento. En la estación de autobuses hay un semáforo para peatones. Tiene un nuevo sistema donde uno tiene que presionar un botón para obtener una luz verde. Muchos ancianos tienen problemas con esto y Santiago nunca duda en ayudar a los ancianos a cruzar la calle. Santiago ya tiene una idea de lo que quiere hacer en el futuro; él piensa que sería un trabajo muy gratificante si pudiera convertirse en un cuidador profesional.

He Loves to Help

Santiago is nine years old. From Monday to Friday, he goes to school, and around one o'clock he takes the bus home. Usually the bus is crowded with other students. Sometimes the elderly take the bus too, as many of them are just too old to drive a car. Santiago is a kind and compassionate young man. If he sees an elderly person riding on the bus, he offers his seat, because for older people it can be very hard to stand on a moving bus. At the bus station, there is a traffic light for pedestrians. It has a new system where one has to push a button to get a green light. Many elderly have trouble with this and Santiago never hesitates to help old people to cross the street. Santiago already has an idea on what he wants to do in the future; he thinks it would be a very rewarding work if he could become a professional caretaker.

Control de Billete
Ticket Control

Recuerdo que cuando era niño pasé un tiempo en el norte de España; Incluso fui a la escuela allí. En este país, los trenes son parte del transporte diario. Éramos un grupo de cuatro niños y era invierno con mucha nieve. Laura era una de las niñas más pequeñas, en ese momento solo tenía nueve años. Hicimos un viaje en tren desde Lyon a una ciudad más pequeña. Era un tren bonito y moderno, e incluso teníamos nuestro propio compartimento. Oímos que alguien llamaba a la puerta. Era el inspector de boletos, un hombre uniformado solo para ver si habíamos comprado boletos. Inspeccionó uno a uno los boletos, pero Laura buscaba nerviosamente en su bolso; ella no pudo encontrar su boleto. El inspector le pidió su identificación y luego le dijo que lo siguiera. En ese momento el tren se había detenido en un pequeño pueblo. Esperamos a que volviera Laura pero no pasó nada. De repente el tren se movió y por la ventana pudimos ver a Laura parada sola asustada en la estación de tren. Pero Laura se veía diferente. ¡Entonces nos dimos cuenta de que Laura estaba parada allí sin su chaqueta! Lo había dejado aquí, y aparentemente el inspector la había echado del tren, dejándola congelada en la estación de tren.

Ticket Control

I remember when I was a kid I spent some time in northern Spain; I even went to school there. In this country, trains are part of daily transportation. We were a group of four children and it was winter with a lot of snow. Laura was one of the smaller children, at that time she was only nine years old. We made a trip by train from Lyon to a smaller city. It was a nice and modern train, and we had even our own compartment. We heard somebody knocking on the door. It was the ticket inspector, a man in uniform just to see if we had bought tickets. One by one he inspected the tickets, but Laura was nervously searching her bag; she couldn't find her ticket. The inspector asked for her identification, then told her to follow him. At that time the train had stopped at a little town. We waited for Laura to return but nothing happened. Suddenly the train moved and through the window we could see Laura standing by herself frightened at the train station. But Laura looked different. Then we noticed that Laura was just standing there without her jacket! She had left it here, and apparently the inspector had kicked her off the train, letting her freezing at the train station.

Nadando
Swimming

Somos un grupo de niños y somos ávidos nadadores. La mayoría de nosotros tenemos diez años, y solo nuestro amigo Peter tiene ocho.

Todos los viernes por la tarde vamos a la piscina pública. Primero, tenemos que ir a los vestuarios. Allí nos cambiaremos de ropa por un traje de baño adecuado y después nos daremos una ducha. Antes y después de nadar hay que ducharse, lo cual es obligatorio en las piscinas públicas. A veces tomar una ducha lleva bastante tiempo, porque nos gusta hacer bromas y hacer el tonto. Una vez en la piscina, saltamos del tablón y nadamos. Empezamos con 200 metros braza, después de eso, normalmente pasamos a veinte minutos de estilo libre. Hacia el final solo jugamos a la pelota de agua. En el borde de la piscina siempre hay un socorrista observándonos.

La semana pasada cuando terminamos de nadar, no nos duchamos después porque un niño desconocido había dejado sus excrementos en la ducha.

Swimming

We are a group of boys and are avid swimmers. Most of us are ten years old, and only our friend Peter is eight.

Every Friday afternoon we go to the public swimming pool. First, we need to go to the locker rooms. There we change our clothing to proper swimwear, and after that we'll take a shower. Before and after swimming one has to take a shower, which is obligatory in public swimming pools. Sometimes taking a shower takes quite some time, because we like to make jokes and are fooling around. Once in the swimming pool, we jump from the plank and swim around. We start with 200 meters breaststroke, after that, we usually go on to twenty minutes of freestyle. Towards the *end we just play water ball. At the edge of the pool a lifeguard is always there observing us.*

Last week when we were finished swimming, we didn't shower afterwards because an unknown child had left his excrements in the shower.

***

www.ingramcontent.com/pod-product-compliance
Lightning Source LLC
Chambersburg PA
CBHW071856160426